AF338350

A

Monsieur LÉON GAMBETTA

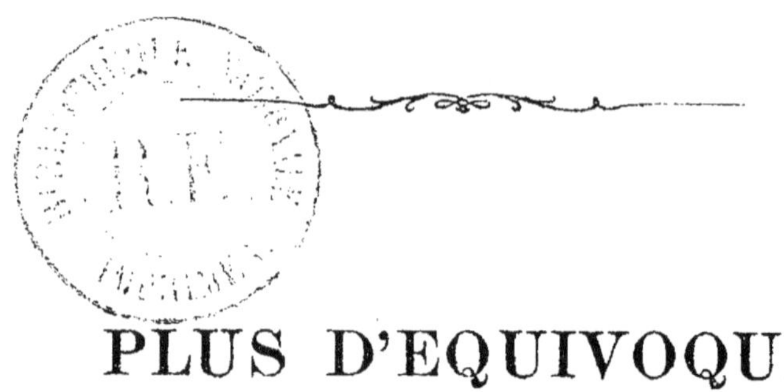

PLUS D'EQUIVOQUE

Par l'Auteur de LIBERTÉ OU COMMUNISME

PRIX: 60 Centimes.

PARIS

AUGUSTE GHIO, ÉDITEUR,
PALAIS-ROYAL, 18, GALERIE D'ORLÉANS

1878

PLUS D'ÉQUIVOQUE

UN ÉLECTEUR A SON DÉPUTÉ

A

Monsieur LÉON GAMBETTA

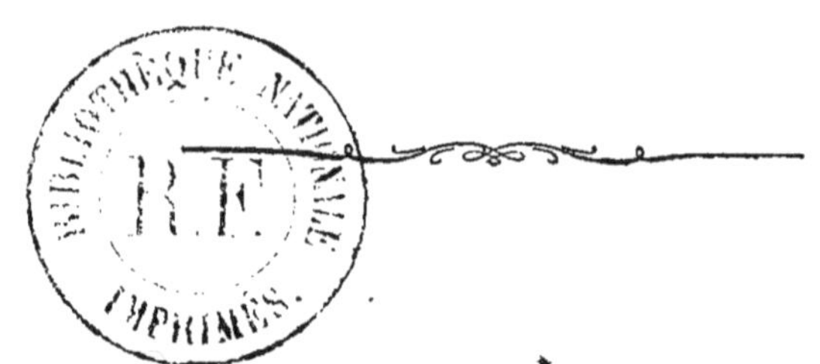

PLUS D'EQUIVOQUE

Par l'Auteur de LIBERTÉ OU COMMUNISME

PRIX: 60 Centimes.

PARIS

AUGUSTE GHIO, ÉDITEUR,
PALAIS-ROYAL, 18, GALERIE D'ORLÉANS

1878

UN ÉLECTEUR A SON DÉPUTÉ

Malgré qu'au sujet de votre réélection il se soit produit quelques protestations, en raison sans doute que nombre de vos électeurs n'ont pas trouvé que durant la dernière session, vous fussiez resté fidèle au programme radical qui avait fait le succès de votre première ; et, par suite, mis en lumière le progrès *économique et social* qu'elle devait provoquer ; en indiquant le moyen pratique d'y parvenir ; la discipline aidant, pour cette fois encore vous voilà notre député.

Assurément, malgré qu'à l'effet du pacte qui vous lie à vos électeurs, tous ne comprennent pas bien ce qu'au sujet de sa réalisation peut advenir de favorable à leurs intérêts matériels, qui pour eux, sont l'objectif auquel doit aboutir la politique, comme il s'agissait de changer bien des choses, qui depuis des siècles n'étaient pas parvenues à donner à chacun la part de bonheur matériel auquel, de nos jours, il se croit en *droit* de prétendre ; et que vos discours faisant pressentir, qu'à l'effet du résultat heureux pour un malade de changer d'air ; il en serait de même pour une Nation changeant, elle, de gouvernants ; vos électeurs ont sans doute été ravis qu'à votre instigation on ait vu la France en agir ainsi plusieurs fois ; et de savoir que, —si comme à tort ils se l'étaient figurés, — une République ne peut faire le bonheur de tous, elle le réalise au moins pour quelques-uns en leur procurant les places dont vivaient les autres.

Mais, citoyen Député, ce n'est pas le côté de la question qui m'engage à vous écrire, car on sait que les habiles savent toujours se tirer d'affaire, celui plus important pour les autres serait que les premiers arrivés aidassent ceux-ci à en faire autant, non en leur donnant les places qu'ils sont si heureux d'occuper, mais en leur dévoilant les moyens qu'ils se sont dits connaître pour les obtenir, qui sont ceux de parvenir à améliorer le sort du plus grand nombre. Vous, citoyen, n'avez pas pris à ce sujet d'engagement direct, et vous donnant de nouveau leurs voix, vos mandants ont dû seulement espérer que le pacte qui vous liait à eux n'était pas rompu, mais seulement ajourné, en raison de *l'opportunité* que sans doute il y avait à ne pas en demander la réalisation, puisqu'elle ne devait pas aboutir ; trop de partis, leur disiez-vous se liguent contre la République, et il convient avant tout d'en sauver le nom, plus tard il devra être question de réaliser la *chose*.

Mais, citoyen Député, serait-ce alors que *cette chose* ne soit que la réalisation de votre programme, par lequel vous vous engagez à poursuivre :

1° L'application radicale du suffrage universel à toute fonction ;

2° Les délits politiques déférés au jury ;

3° La liberté de la presse sans timbre ni cautionnement ;

4° La liberté absolue de réunion ;

5° L'abrogation de l'art. 291 du Code pénal ;

6° La Liberté d'association pleine et entière ;

7° La suppression du budget des cultes ;

8° La suppression des armées permanentes.

Sans dire que déjà, aspirant à devenir chef d'Etat, vous regrettez de l'avoir formulé ; il vaut mieux que vos électeurs se rendent compte s'il contient réellement celui de leurs aspirations à posséder un régime économique garantissant mieux, que celui actuel, leurs intérêts matériels. Eh bien ! quant à moi, je n'y vois qu'un programme politique radical, mais pas un mot de celui social ou économique, qui, lui, devrait aussi être pour quelque chose dans les progrès, que pour eux vous devez désirer voir se réaliser ; n'y aurait-il donc pas là, citoyen, une lacune à combler, ou penseriez-vous qu'entre l'un et l'autre, c'est-à-dire entre celui qui s'adresse plus spécialement à nos sentiments, et celui qui se dirait pouvoir arriver à satisfaire à nos besoins, il n'y ait place pour une équivoque dont il serait peut-être dangereux de préciser la sincérité.

Ce n'est pas, citoyen Député, qu'on puisse plus spécialement vous accuser de vous y abriter, mais seulement de vous en servir, sans parti-pris — il faut le croire — ainsi que de tout temps l'ont fait les politiciens, dont le rôle a été de l'entretenir, et en en faisant un cas de polémique plus sentimentale que pratique, la rendre propre à durer autant que le monde. Cherchant déjà à la résoudre, Platon avait voulu lui trouver un remède, et si depuis l'équivoque existe toujours, c'est qu'il semble avec lui qu'elle ne cessera que par le Communisme.

Vous, citoyen, avez compris que pour éviter de voir s'y suicider la civilisation, il convenait de prendre à partie la *question sociale* qui en serait la cause, et qu'alors elle n'ait à résoudre que des *questions sociales*; en cela je suis de votre avis, mais, vous dirai-je, que fait à celui qui souffre du mal de misère, que la question qui le produit soit simple ou complexe, mais plutôt qu'il n'existe plus d'équivoque sur celle de savoir si, oui ou non, les promesses qu'on lui fait d'y pouvoir apporter un remède, sont pratiques, et qu'alors, dira-t-il, on les mette à exécution, ou qu'on cesse de toujours promettre de le faire, si tant est que la destinée d'un grand nombre d'hommes soit de souffrir.

Peut-être bien, citoyen Député, qu'à cette demande de faire connaître la vérité économique qui doit conjurer le péril social; répondrez-vous que, ne pouvant tout expliquer, votre conscience reste garante de vos intentions, et que votre patriotisme saura trouver le bon chemin, sans qu'au préalable vous eussiez à l'indiquer. Peut-être encore, dédaignant l'exemple de Newton et de Galilée, ne voulez-vous pas souffrir pour la vérité, en devançant l'heure psychologique où elle pourrait être comprise. Ah ! sans doute, il fut heureux pour l'humanité d'apprendre le secret de la gravitation des mondes ; et aussi de savoir que le soleil tourne autour de la terre, au lieu que ce ne soit le contraire; mais, si en place de la vérité physique vous, citoyen Député, vous connaissiez celle sociale, appelée à rendre la paix à l'âme et à donner le nécessaire au corps ; n'ayez crainte de l'Inquisition, et consentez-vous aussi à compter parmi les bienfaiteurs de l'humanité ; croyez-moi, le temps est venu de la dévoiler, car le prolétaire a toujours faim, celui qui l'apaise plus facilement, voudrait encore être moins incertain qu'il n'aura pas un jour à en souffrir, tous enfin cherchent le moyen de rendre leur vie plus confortable, et convenez que, même votre exemple, leur fait naître l'envie de posséder le moyen d'y parvenir.

Peut-être et avec plus de raison direz-vous encore, citoyen Député que la réponse est bien simple à faire ; et, comme au sujet de celle politique, celle économique a nom : Liberté, et que sous son égide, l'homme usant de son *droit*, comme aussi de son intelligence, doit pouvoir arriver à conqué rir le nécessaire de ses besoins. Tous ces mots, citoyen : Droit, intelligence, nécessaire, besoins, pourraient donner lieu à une longue dissertation qui, pour vous comme pour moi, serait oiseuse ; mais dont le développement serait d'ailleurs trop long, et pour y suppléer, peut-être ajouterez-vous qu'en raison de l'Egalité politique, que le régime républicain assure à tous, les droits de chacun qui en sont la conséquence, devant être les mêmes, il ne peut être question d'autres droits, encore moins d'une autre égalité sociale, que celle de la voir soumise à la sanction que chacun *pourra* lui donner ; et qu'il est alors sans raison de chercher dans l'équivoque que peut contenir le mot social, à confondre les deux *Egalités*.

Cependant, citoyen Député, comme moi vous n'ignorez pas que, sans les confondre, on peut désirer jouir des faveurs que chacunes d'elles comportent, et que l'égalité politique contente seulement ceux dont l'égalité sociale est au moins satisfaite ; de manière qu'elle ne pourrait, par un changement, qu'en être abaissée ; et que, pour les autres, qui sans leur produire l'effet contraire, garderaient leur niveau, la liberté politique n'a pas de solution économique, ce que le prolétaire comprend et veut cependant obtenir, en y ajoutant le mot social. Car, alternant du grave à l'aigu, de la douceur à la menace, il dit que « la *République sera sociale, c'est-à-dire égalitaire, ou qu'elle ne sera pas, et que sans cela elle n'a pas sa raison d'être.* » Devant une affirmation ainsi formulée, n'auriez-vous pas, citoyen, la crainte que l'application de votre célèbre dilemme « se soumettre ou se démettre » que vous demandez à la politique, ne puisse s'appliquer à l'état actuel de la civilisation ? qui, lui aussi, aurait à se démettre devant les sommations de légalité, et, sans alternative cette fois, se soumettre au Communisme.

Car devant les déboires que, pour améliorer son sort, le Prolétaire rencontre dans l'emploi de sa Liberté. Direz-vous, citoyen Député, qu'il y trouvera un correctif dans la propagation de l'instruction qu'à cet effet, sans donte, vous demandez laïque et obligatoire. Je laisse, si vous le voulez bien, le mot laïque, pour ne voir que l'instruction, et les trois résultats moraux que la société en pourrait obtenir ; l'un, le stoïcisme devant les maux de ce monde, l'autre un frein aux convoitises actuelles, ou encore la conquête d'un esprit de justice applicable aux nécessités de la civilisation, et bien que l'un ou l'autre de ces résultats fussent admirables à voir pratiquer, car ils manquent surtout à celle actuelle, peut-on dire citoyen que ce soit là son *desiderata* ; et que l'homme ait moins le désir de conquérir le nécessaire, qu'il ne désire jouir du superflu. Car il est visible qu'à cet effet chacun tient à sortir de la sphère dans laquelle il est né, et que tout fils de maçon rêve de devenir architecte ; que la société fasse alors le nécessaire pour qu'il puisse le devenir, qui donc bâtira les maisons ? La vie matérielle qui est la plus urgente à satisfaire est aussi, chacun le sait, la plus productive comme travail ou occupation, et faire beaucoup de bacheliers serait faire beaucoup de mécontents de leur sort, à moins que, comme vous, citoyen, ils ne parviennent à faire leur trouée par le moyen de dire bien haut qu'il existe ponr chacun celui d'en pouvoir faire autant. Qu'on donne l'instruction à celui qui, menuisier, graveur, peintre crée quelque chose de ses mains, ils pourront en devenir plus habiles et gagner plus facilement leur vie ; mais pour l'homme dont le labeur est de bucher, forger, marteler, labourer, filer, et ceux-là comptent pour 10 millions de travailleurs, toujours besogneux, l'instruction ne sera pour eux qu'un bienfait moral, et peut-être ne servira-t-elle qu'à leur faire envisager leur condition encore plus misérable.

Oui, l'instruction pourra bien servir à la révélation de quelques génies qui, sans elle, seraient restés ignorés, malgré que les plus grands se soient suffis à eux-mêmes pour se produire, de même fournir à la littérature quelques Romanciers de plus, sans qu'il n'en manque pour créer des livres propres à pervertir le sens moral ; sans doute aussi beaucoup de journalistes, qui trouvant moins de profit ou de notoriété à défendre la société, continueront en plus grand nombre à en saper les bases. Ah ! tenez, citoyen, en cela comme en toute chose, convenez qu'il vaudrait mieux dire la vérité ; car il ne faut pas plus d'équivoque dans le remède que la société doit attendre de l'instruction pour chasser les maux de ce monde, que dans toute autre chose qui ne serait pas l'emploi d'un topique comme le serait celui du Communisme, et si faire de parti-pris de l'obscurantisme, comme on l'appelle, serait un forfait social, faire du contraire la panacée du Paupérisme, serait un mensonge que vous ne voudriez pas commettre.

Ah ! citoyen Député, il semble à entendre ce qui à ce sujet se dit et s'écrit de tant de manières, qu'il n'y ait que vous et vos collègues dont la quiétude n'en soit pas troublée ; est-ce donc que les uns vivraient de la politique, comme les autres du comptoir, et que, pour affronter la discussion et se prononcer sur le péril que comporte le mot *social*, il se ferait que la franchise puisse nuire au succès d'une élection, comme à celle d'une industrie. Cependant, à l'heure actuelle, il apparait à chacun que, ce qui cause celui de la situation, c'est que sur les questions économiques, la franchise manque, surtout à ceux qui, ayant quelque autorité devant l'opinion, pourraient porter la lumière là où des ténèbres voilent encore tant d'intelligences, cherchant assurément le bien, mais ne sachant à quel régime demander le moyen de l'obtenir ; celui Républicain, ditez-vous, l'offre à chacun s'il sait s'en servir. Non ! cent fois non, citoyen Député, vous le savez comme moi, mais n'osez peut-être pas le dire, à moins que, suivant vous, le suffrage universel ne soit ce moyen, avec lequel vous dites bien haut au prolétaire, qu'il peut conquérir tous les progrés qu'il désire voir s'accomplir, sans lui dire qu'aussi il contient celui de détruire ceux qu'il a déjà conquis ; car, lui disant qu'étant le nombre, il est aussi le droit et la force, êtes-vous donc certain qu'il n'emploiera pas l'un ct l'autre au triomphe d'un état social dont il n'est pas certain d'être juge du critérium qu'il doit lui appliquer, puisqu'il est constant que les uns le voient dans la liberté, les autres dans l'égalité ; mais plus encore dans ce dernier régime dont il peut mieux se rendre compte des effets, puisqu'il ne s'agit que de faire descendre les plus élevés au niveau de la condition de ceux que le sort a placés plus bas. Mais en peut-il être de même pour la liberté, quand au moyen de la phraseologie oratoire l'homme l'entend définir par les phrases : Liberté nécessaire,

liberté dans l'ordre ou ordre dans la liberté ; ou bien liberté de la presse, s'il ne sait pas lire ou discerner le vrai du faux, liberté d'association, au service de laquelle il ne peut apporter que sa misère ; enfin, celui de réunion, dans laquelle pendant de longs discours, formés de phrases sonores et de fleurs de réthorique, il entend tout autre chose que ce qu'il comprendrait, mais qu'alors il faudrait lui dire, car le Prolétaire demande qu'on lui parle pratiquement et le plus souvent si on lui laissait la liberté qu'on vient de lui prêcher trois heures durant, il s'écrierait : « Vous
» dites là, citoyen-orateur, de fort belles choses, qui prouvent
» que vous êtes plus instruit que moi, vous devez avoir raison
» puisque vous semblez défendre la cause de celui qui souffre,
» mais je la comprendrais mieux si, parlant moins d'autre
» chose, vous le faisiez sur la question du travail ; comment
» faire pour vivre quand il nous manque ; qui nous en fournira,
» et dans ce cas, nous le paiera un prix suffisant, pour ar-
» river à pouvoir subvenir à nos besoins ? A qu'elle limite devrons-
» nous les arrêter, pour les trouver superflus ? Quelques-uns
» et peut-être vous-même, nous disent qu'il ne doit plus y avoir
» de salariés ; nous le voyons bien ; ne recevant plus de
» salaire depuis qu'il est question de tout remplacer par
» un régime social qui doit rendre heureux tous et chacun,
» mais dont le programme, sortant du rêve, montre qu'il
» puisse entrer dans la pratique de la réalité. Ah ! la Répu-
» blique est une belle chose pour ceux qui trouvent le moyen
» de s'en faire des rentes, d'en conquérir les places, d'en avoir
» les honneurs ; mais nous, pauvres hères, voyons bien qu'avec
» ou sans elle la misère sera toujours la misère. Pourquoi alors
» nous dire le contraire, et nous faire plus cruellement sentir la
» déception de ne tenir qu'une illusion, dans ce que vous nous
» disiez devoir être une réalité. Puis amère dérision ! ce sont des
» hommes dont beaucoup sont accablés de millions, qui en place
» d'employer leur fortune à des œuvres philanthropiques, comme le
» font beaucoup de ceux qui ne nous flattent pas ; qui eux, sans
» se mettre à la tête d'aucune souscription, quand un malheur
» fortuit vient à nous frapper, nous crient bien haut, en Vers
» sublimes comme en Prose partiale, qu'il ne faut rien céder
» de nos revendications, quelles sont justes, équitables, et que
» tôt ou tard elles seront sasisfaites. Comment, encore une fois ?
» Est-ce donc, hélas ! le secret des dieux ? car toute leur élo-

» quence n'ayant pu nous le faire découvrir, comme devant,
» nous restons toujours à l'apprendre. »

Ne dites pas, citoyen Député, que cette sortie faite dans un moment où tout le monde devrait être d'accord, intempestive et maladroite, ne peut venir que d'un faux frère en l'idée républicaine, et qu'un vrai ne saurait dire des choses qu'il penserait devoir troubler la quiétude de ceux qui savent si bien en vivre, et. comme en pareille occasion, il a été dit, l'apostrophe : « Tais-ton bec, » est la seule réponse à lui faire. Cependant, convenez qu'il serait oiseux de vouloir démontrer que toute la question pour le pauvre étant de lui fournir le moyen de ne plus l'être, il est inutile de lui ouvrir l'appétit, dont il n'a déjà que trop, pour arriver à le lui satisfaire en disant : tais-ton bec, s'il trouve qu'on ne lui indique pas assez pratiquement la raison qu'il aurait alors de le tenir coi.

Cette raison, le Prolétaire vous la dit cependant bien haut : ce n'est pas le partage ni l'égalité de la fortune, mais la possession d'un capital qu'il croit indispensable pour pouvoir l'acquérir ; en un mot, il demande que la civiisation, revenant à son point de départ, permette à beaucoup, oubliés dans le chemin, de pouvoir, cette fois, être compris dans le nombre de ceux qu'elle a comblés. Mais si, comme au rappel qui se fait au théâtre, on entend dire : « Tous ! tous ! » C'est que les oubliés seront nombreux, et qu'alors l'égalité des moyens qui laisserait encore la nécessité de la lutte, entre le travail, l'intelligence et l'économie, dont chacun pourrait plus ou moins bien se servir pour arriver à faire partie des nouveaux élus, devra, elle-même, être supprimée comme n'étant pas encore le moyen d'établir la bonne égalité rêvée par chacun, et qu'alors : « Tous Communistes ! » serait le cri général et, sans doute, le régime que serait forcé de subir la civilisation.

Votre opinion, citoyen Député, est vraisemblablement qu'elle commettrait là un suicide qui n'est pas plus à craindre qu'à souhaiter ; cependant, si le suffrage universel, c'est-à-dire sa majorité donnait le mandat de l'établir, qui pourrait l'en empêcher ? L'armée, direz-vous, ou autrement la force. Ce n'est pas encore là une raison. Qui commanderait cette force ? et, que devrait faire un chef d'Etat devant cette manifestation du suffrage universel ? S'incliner, puisque, dites-vous, il est le maître. S'il en devait être ainsi quel beau rôle peut avoir dans l'avenir celui des majorités dont, plus haut, j'avais tort sans doute de méconnaître toute la force que vous leur disiez posséder.

Je sais bien, citoyen Député que, pour vous, il existe un moyen de concilier tous les intérêts, ce moyen c'est leur association partielle et naturellement volontaire, et, pour la rendre efficace, leur fédération, afin d'obtenir celui qu'ils puissent se porter assistance les uns les autres. Assurément, ce serait la morale prêchée par le Christ, mise au service de nos besoins, quand il n'avait pensé devoir le faire qu'à l'égard d'y convier nos sentiments. Mais vous n'ignorez pas que tout mode d'association ne pourrait être salutaire qu'aux intérêts de ceux pour lesquels elle serait possible, ce qui n'existe pas pour le plus grand nombre, et qu'alors ce moyen n'arriverait qu'à rendre plus formidable l'aristocratie financière qu'aujourd'hui le prolétariat voudrait voir détruite ; autrement il faudrait, de toute nécessité, que celui qui fait un profit comme associé vienne au secours de celui qui n'aurait pu trouver place dans aucune association, et du moment que la mauvaise chance de chacun serait annulée ou couverte par la bonne chance de tous,—puisque socialement elle existe,—qu'on puisse y voir une application du bienfait de l'assurance ; rien de mieux, mais il n'aurait que son semblant, car, voulant s'éloigner du mauvais côté communiste, cet état social l'aurait néanmoins conservé, et si, à l'encontre de celui de Liberté, la plaie dont il souffrirait n'était plus celle de l'égoïsme, elle serait celle de l'indifférence, bien autrement redoutable pour l'homme, s'il se voyait assuré du minimum de ses besoins. Vous, citoyen, vous avez travaillé, lutté, souffert aussi sans doute, et, parti de bas, vous vous êtes élevé à une position peut-être encore trop inférieure pour votre ambition ; auriez-vu pu faire de même dans un état social qui ne vous aurait pas laissé le besoin d'en avoir ; vous voyez donc bien qu'il est indispensable que l'homme acquiert la force morale nécessaire à s'élever, et qu'il ne le peut qu'en souffrant et travaillant, de manière à ce que, jamais satisfait, il ne cesse la lutte de la vie qu'à l'âge où ses forces ne lui permettront plus de la soutenir.

De même que l'homme, la civilisation est forcée de lutter contre l'inactivité qui la ferait déchoir ; mais, battue en brèche par des doctrines dont il lui faut subir l'assaut, n'a-t-elle pas aussi à défendre sa conservation. Faut-il, citoyen, ne trouvant pas son progrès assez rapide, procéder de suite à sa liquidation, et plus particulièrement les dernières élections ont-elles eu pour résultat de faire cesser le malentendu qui, d'un conservateur le change en radical, quand, par un vote sur une question politique, il s'associe à celui qu'il se garderait bien de suivre sur le terrain économique ; parer à cet inconvénient n'est guère facile, j'en conviens, car il est impossible de lier le candidat à l'effet de le soumettre par avance au mandat impératif ou contractuel de toutes les questions qu'il peut être appelé à résoudre. Cependant, citoyen, convenez que plus de clarté dans ce que vous et vos collègues dites être votre profession de foi, ne serait pas indifférente à des électeurs qui, comme vous, peuvent bien vouloir la République, mais ne pas admettre dans son fonctionnement les moyens que le Radicalisme semble vouloir se servir pour conduire la société à ce qu'il nomme le progrès. Il y a donc République et République politique, ce que vous savez bien, puisque vous représentez celle dont le régime serait le plus révolutionnaire, mais aussi République conservatrice et République sociale, sur lesquelles vous avez toujours refusé de vous expliquer, et bien certainement, tous ceux qui sont Républicains ne se demandent pas, en déposant leur vote, pour quelle République ils le donnent, ce qui fait que l'équivoque de la volonté de chacun reste au fond du scrutin.

Beaucoup de vos collègues pas plus que vous, citoyen Député, n'auront eu à ce dernier vote aucune raison d'être plus explicite qu'à d'autres élections : avoir fait partie du nombre 363 a, cette fois, suffi à la sincérité de leur profession de foi ; quant à ceux aspirant à les remplacer, forcés d'être moins prolixes, comme toujours, ils auront dit,—laissant de côté la forme de gouvernement :— Je veux l'affermissement de la société par la conservation de ses bases essentielles, qui sont : la Religion, la Famille, le Travail et la Propriété. Toutes choses, hélas !—vous le savez, citoyen, — disant beaucoup et ne disant rien ; et, après comme avant, avoir entendu ces grands mots, l'*équivoque* du sens à attacher à leur action reste à déterminer, car le bien ou le mal que la société doit en éprouver n'est pas, pour chaque électeur, vu de la même manière.

Car, citoyen Député, à part que beaucoup demandent qu'il n'existe de Religion d'aucune sorte, tout candidat autre que vous qui l'avez dit, ne devrait-il pas faire connaître s'il la veut rétribuée ou non par l'Etat ; si, pour la famille, l'instruction laïque sera ou non obligatoire. Je le reconnais avec vous, un Etat peut exister dans l'une ou l'autre de ces conditions, qui touchent plus à son régime moral qu'à celui économique ; mais reconnaissez vous-même qu'il n'en peut être la même chose pour celles ayant rapport au Travail et à la Propriété ; et qu'un électeur devrait savoir ce que pense son candidat sur ces deux questions, si — comme l'exige le Radicalisme social, — le travail devra être organisé de manière que celui qui s'y livre manuellement profite seul de ses fruits : si la Liberté en sera l'arbitre ou encore si l'idée Communiste, servie par *l'égalité des moyens* en devra être la sanction. La Propriété devra-t-elle rester personnelle, devenir collective, faire retour à l'Etat après la mort de celui qui l'aura possédée, être mise en commun avec ou sans indemnité, ou plus simplement *subir toutes les charges, de manière que, la rendant sans produit, son possesseur soit forcé d'en faire l'abandon ?* Toutes questions qui, dans l'état actuel des revendications sociales, ne pourrez, citoyen, nier qu'elles ne puissent être d'un jour à l'autre mises à l'ordre du jour d'une discussion qui ne permettrait plus l'équivoque de les tenir plus longtemps pour des rêveries dont il serait inutile à la représentation d'un état de se préoccuper.

Que d'autres encore, d'une opinion opposée à celle des précédents, viennent faire acte de foi, se disant être les soutiens de la Démocratie, défenseurs du droit des Peuples, donnant leur appui à ses revendications ; et, à cet effet, voir *le Droit et la Justice* régner sur la terre, mais se gardant eux aussi de dire, quel droit de celui *naturel* ou social ; qu'elle justice, de celle *absolue* ou *relative*, ils entendent faire emploi à la sanction de leurs doctrines, à quoi donc aura servi d'en entendre l'énonciation, à celui qui, dans ces conditions restrictives, n'aura pu les juger bonnes ou mauvaises ; et, par là, resteront dans son esprit à l'état latent, pour n'en reconnaître le néant que le jour ou peut-être il sera trop tard.

Il est à croire, citoyen Député, que sans la passion que vous mettez à exprimer toutes les choses de la politique, votre esprit s'ouvrirait plus souvent devant celles des nécessités sociales, dont sans doute l'homme illustre qui vient de mourir a dû souvent vous entretenir, surtout de celles qui ont rapport au salariat, aux impôts et à l'échange des produits, mais il apparaît néanmoins dans vos discours que, bien qu'à l'état d'aspiration, l'esprit conservateur se fait jour, et qu'il y a lieu de vous féliciter d'un changement d'opinion qui n'engage en ces matières que la réflexion, quand tant d'autres en ont changé qui entache leur caractère. Mais à part cela, vous n'en êtes pas encore venu, citoyen Député, à affirmer que la République sera *conservatrice ou qu'elle ne sera pas*, et cependant vous devez comprendre que cela sera, et ne pas ignorer que si la majorité de la France semble admetre le radicalisme en politique, elle ne l'admettra jamais en économie sociale ; et que là cependant réside seul, pour beaucoup, tout le progrès qu'ils attendent de l'état républicain.

Mais, quand elle semble vouloir fermer les yeux, peut-être cette majorité ne se rend elle pas bien compte du point exact qui en fait la démarcation ; car elle travaille dans une quiétude qui semblerait le prouver, s'il n'était heureux de penser qu'au besoin ses yeux s'ouvriraient à la lumière d'un péril social, qu'elle semble ne pas prévoir possible. Mais vous, citoyen, qui devez voir les choses de plus près ou de plus haut, diriez-vous où cette majorité sait devoir aller, en agissant comme elle le fait en politique, c'est-à-dire révolutionnairement, ne ferait elle pas fausse route, ou alors vous porteriez-vous garant que les revendications de la démocratie ne vont pas plus loin que celles de conquérir toutes les libertés que vous promettez de lui faire obtenir ? Ah ! qu'alors on les lui concède, sauf bien entendu, de troubler la tranquillité de la rue et celle de prendre le bien d'autrui, qu'avec honneur elle répudie ; oui, que cela soit, si la paix sociale est à ce prix ; mais pour ma faible part, laissez-moi craindre, qu'attaqué d'un côté par les fluctuations de la politique, et la passion qui l'entraîne à faire bon marché des intérêts commerciaux ; de l'autre par l'acrimonie causée dans les clubs par les revendications socialistes, qu'au milieu de ce dédale d'intérêts compromis, et ceux à ne pouvoir satisfaire, il ne soit bien difficile à l'homme de trouver le travail qui seul peut le faire vivre et le voir s'écrier : La Liberté n'est-ce que cela ?

Permettez-moi encore, citoyen Député, de vous dire qu'il serait pénible de penser que ceux qui conduiraient la civilisation à un cataclisme plus facile à prévoir que, peut être à l'heure actuelle, il ne serait d'éviter le voir se produire, moins par le fait de ceux qui, tous les jours, affirment qu'il est nécessaire pour que tous et chacun puissent jouir du bonheur terrestre ; que par l'apathie des classes dirigeantes, qui semblent se complaire à ne pas voir le gouffre qui menace de les engloutir ; car, sans cohésion, sans entente, sans générosité, et certainement sans un esprit de justice suffisant pour atténuer les déboires que l'homme trouve dans l'exercice de sa Liberté ; et qui encore, grands industriels, manufacturiers, ingénieurs, médecins, y compris beaucoup de millionnaires, aspirant à l'honneur de la députation, n'osent, tant ils craignent pour le succès de leur élection et peut être pour autre chose, dire hautement, franchement : Non, avec nous la République ne sera pas sociale, et par là opposer l'esprit *conservateur* au démembrement *radical*. Et, convenez, citoyen Député, qu'il y aurait vraiment un scandale démoralisant pour une nation, à voir se continuer l'équivoque qui fait que, ceux malheureux du présent, espèrent tout de l'avenir, continuent à se dire toujours trompés, par la raison qu'on leur cache toujours la vérité, qui est que leur sort est entre leurs mains, et non en celles de l'Etat ; et que tous ceux qui, comme vous, citoyen, pourraient le leur dire, se contentent d'un programme politique, qui n'a pour résultat que de nouer et dénouer un imbroglio, qui leur laisse croire que tout serait pour le mieux si c'était autrement ; quand cet autrement ne serait que le marchepied qui doit servir à conquérir le pouvoir d'appliquer les théories égalitaires dans la pratique des choses.

Mais, que sont-elles donc ces choses qu'il s'agit d'égaliser, il est vrai qu'elles ne semblent être que des mots, mais quels mots, et combien les choses qu'ils expriment sont complexes et contiennent de larmes ! car, citoyen Député, ceux à qui vous dites : Travail, savoir, capital, droits, peuvent vous répondre : Concurrence, ignorance, misère, devoir, qui en sont comme les satellites fatalement attachés, et direz-vous qu'égaliser les premiers ce serait parvenir à supprimer les maux produits par les reconds, mais plutôt en faire un tout qui les aggraverait pour chacun ? Ah ! il faut le croire, qui ne voudrait de grand cœur les éclairer pour n'avoir pas à redouter les tristesses qu'ils inspirent et être l'homme de génie assez puissant pour y parvenir, faisant alors taire l'égoïsme de celui qui nie qu'il n'existera jamais aucun moyen de combler l'abîme creusé par la misère, parce qu'il le croit insondable ; le combler, non ! car, sans doute, l'homme protesterait, disant qu'il doit avoir la liberté de le tenir ouvert. Mais tant profond qu'il se montre à l'esprit du penseur, vous avez dû, citoyen Député, comme beaucoup d'autres, reconnaître qu'il est un flambeau qui en éclaire les ténèbres, et savoir qu'il n'a pas nom : Liberté, moins encore Egalité, ni même Justice, mais tout humainement Fraternité ! car seule, elle peut être la panacée universelle propre à guérir les maux de ce monde ; à moins que, par le Communisme, l'homme ne préfère les aggraver ; mais, citoyen, si c'est à lui de choisir, c'est aussi à chacun de faire cesser l'équivoque que lui cause le souci de ne pouvoir le faire, sans entendre l'un, lui assurer que la vérité qui peut assurer son bien-être, ou au moins le lui grandir, est le contraire de ce que lui aura dit l'autre ; surtout si celui-là n'est pas républicain. Y a-t-il donc dans cette opinion une grâce d'Etat qui oblige la justice et la raison à n'être que de son côté ; une capacité qui ferait l'homme infaillible et lui donnerait la vertu de posséder un dévouement désintéressé ; ou peut-être en place de tout cela, n'y aurait-il que les dehors d'une sympathie de commande, qui servirait à beauconp de républicains, à prendre pied dans une situation où il n'auraient pas à redouter les mauvais côtés du salariat, et que devant l'impossibilité de le voir prendre fin par l'association générale, ils se garderaient de dire que, dans ce cas, elle ne serait pour le Prolétaire qu'un moyen de le conduire au Communisme.

A cette assertion de ne voir dans un républicain l'homme n'agir que suivant le mobile que lui dicte son intérêt ; direz-vous, citoyen Député, que le désintéressement n'étant plus de ce monde, on ne peut vraisemblablement exiger de lui de ne pas être de son temps, et puisque les républicains demandent que toutes les places soient rétribuées et veulent tous les occuper, ils ne déguisent donc pas leurs convoitises. Ceci est sans doute un programme qui, pour beaucoup, est le principal à obtenir dans un changement de régime, car en somme, il est certain que le républicanisme de fraîche date, comme celui que représente les *Débats*, le *Constitutionnel*, le *Siècle* nouveau et ancien et quelques autres, y compris ceux de la *République française*, ne vont pas au delà, et ne se chargeraient pas de guider la démocratie dans la descente périlleuse qu'il y aurait nécessité de lui faire franchir pour lui donner satisfaction, car si pour beaucoup les largesses du budget suffiraient à leur ambition de posséder, il est à présumer que les adhérents aux doctrines du *Réveil*, du *Peuple*, du *Républi-*

cain, demanderaient autre chose que les quelques places de garde-champêtre ou de facteur rural qui pourraient être leur lot ; et comme aujourd'hui même, quand, citoyen, vous aurez dit que le programme *Démocratique-Républicain-Socialiste* est l'œuvre de la police, ils vous répondront qu'il date de 1867 et lui apposeront 36 signatures en vous disant que vous en calomniez les auteurs. Mais, à vrai dire, convenez, citoyen, que la presse en général a plus souci de la forme du parlementarisme que des souffrances du Prolétaire, et qu'il sait que souvent son sacerdoce se résume,— comme pour le marchand de n'importe quoi, — à vendre un journal le plus possible, et pour cela, le faire le plus anarchique et le moins conciliateur l'un que l'autre, la preuve s'en trouve faite aujourd'hui par un homme de grand talent qui, n'ayant pas de lecteurs, est par ce moyen parvenu à les augmenter considérablement. Tout cela est, vous en conviendrez, haïssable et écœurant, et quand on entend dire, et que les affaires prouvent, que, quand la Chambre chôme, elles font le contraire, et qu'il ne faudrait qu'un journal disant la vérité, on est bien près d'affirmer que le mal est sans remède, car périsse la France et les affaires, périsse le travail plutôt que de voir les avocats et les écrivains faire les uns de leur parole, les autres de leurs plumes, un emploi qui permette à l'une et aux autres de ne pas se trouver toujours en désarroi ; et quand on voit qu'entre chaque opinion il existe un abîme, comment veut-on que le Prolétaire, toujours trompé dans la perspective d'améliorations chimériques, ne s'adonne pas au découragement, et ne perde pas le goût du travail ? Que celui qui possède ne resserre pas sa bourse, ne fasse faute au commerce, et, par contre, à la production, dont l'arrêt peut pousser le travailleur à la révolte morale, qui le conduira tôt ou tard à celle de l'insurrection armée. Et maître alors du pouvoir, que feriez-vous, citoyen, si le Prolétaire vous criait que la Liberté que vous auriez coopéré à lui faire obtenir le laisse toujours malheureux ? Sans doute, vous lui diriez : travaille, et si, ne pouvant le faire, il s'insurgeait de nouveau, — comme l'ordre est de nécessité sociale, — vous n'auriez plus à invoquer celui moral, tant baffoué ; mais, sans doute, à renforcer d'un étai la barrière *opportuniste*, afin qu'au moins de votre temps elle puisse résister à la poussée qu'on lui prépare, afin d'y engloutir la civilisation. Ah ! citoyen, si les temps n'étaient pas si tristes à envisager, comme on pourrait rire de voir la Bourgeoisie faire chorus avec vous, quand elle doit être la victime pour laquelle il n'y aura pas de merci !

Je m'arrête... Mais, citoyen, si je cherche la vérité, c'est que je crois qu'elle peut seule, non pas sauver la société actuelle, car, à voir ce qui se passe, on peut prévoir qu'elle ne le sera pas ; mais peut-être bien lui ouvrir la seule voie qui lui permettrait de se transformer, sans encourir les chances d'un effondrement qui, sous ses décombres, ensevelirait aussi bien la Liberté que l'Egalité. Mais ma voix n'aurait d'écho que si vous lui assuriez une sanction par l'autorité qu'on attache autant à votre parole qu'à votre direction ; je pense donc, citoyen Député, que vous feriez quelque bien à la situation morale actuelle ; si, sans équivoque, vous affirmiez que votre opinion est que : *le progrès matériel ne peut être conquis pour tous que par le travail de chacun, qui, à cet effet, devra se servir des moyens qu'il a acquis ou peut possséder, d'y pouvoir employer sa liberté ; et que, par contre, le péril social qui est à redouter, serait causé par ceux qui, changeant les termes de sa sanction, voudraient l'obtenir au moyen de l'égalité sociale, dont celle politique ne serait que celui d'arriver à l'établir.* Car peut-être alors, chacun sachant mieux où il va, pourra prendre parti pour le plus enviable de l'un des deux régimes sociaux qui sont

LIBERTÉ ou COMMUNISME.

Paris.—Typogr. de E. Brière, 257, rue Saint-Honoré.

PARIS

IMPRIMERIE DE E. BRIÈRE

Rue Saint-Honoré, 257.